AF693164

Bezpieczeństwo Mobilne i Ochrona Aplikacji

Jak chronić swój smartfon, aplikacje i wiadomości przed cyfrowymi intruzami

Autor: Joe Correa

Wydane przez Live Stronger Faster

Copyright © 2026 Joe Correa

Wszelkie prawa zastrzeżone.

Żadna część tej publikacji nie może być powielana, rozpowszechniana ani przekazywana w jakiejkolwiek formie lub za pomocą jakichkolwiek środków — elektronicznych, mechanicznych, poprzez kserowanie, nagrywanie lub w inny sposób — bez uprzedniej pisemnej zgody wydawcy, z wyjątkiem krótkich cytatów wykorzystanych w recenzjach krytycznych oraz w innych niekomercyjnych zastosowaniach dozwolonych przez prawo autorskie.

Niniejsza książka ma charakter wyłącznie edukacyjny i informacyjny. Autor oraz wydawca nie świadczą usług doradztwa prawnego, finansowego ani żadnego innego rodzaju profesjonalnego doradztwa. Czytelnicy powinni skonsultować się z wykwalifikowanym specjalistą przed podjęciem jakichkolwiek decyzji finansowych.

Wydanie pierwsze

Spis treści

Wprowadzenie

W erze cyfrowej Twój smartfon to nie tylko telefon. To Twój aparat, portfel, centrum komunikacji, przewodnik podróży, monitor zdrowia oraz punkt dostępu do niemal każdego aspektu Twojego życia osobistego i zawodowego. To sprawia, że jest on jednym z najbardziej atrakcyjnych celów dla cyberprzestępców, zbieraczy danych i inwazyjnych aplikacji. A choć większość ludzi zamyka drzwi wejściowe przed wyjściem z domu, rzadko stosuje ten sam poziom świadomości bezpieczeństwa wobec urządzenia, z którego korzysta najczęściej.

Ta książka to Twój kompletny przewodnik po ochronie życia mobilnego. Niezależnie od tego, czy korzystasz z iPhone'a, Androida czy tabletu, znajdziesz tu jasne i łatwe do wdrożenia wskazówki, które pomogą zabezpieczyć Twoje urządzenie, aplikacje i dane — bez potrzeby posiadania wiedzy technicznej. Przeprowadzimy Cię przez najważniejsze ustawienia, funkcje i narzędzia, które mogą znacząco zmniejszyć Twoją podatność na zagrożenia — od szyfrowania i uprawnień aplikacji po bezpieczną komunikację i mobilne VPN-y.

Przyjrzymy się również jednemu z największych zagrożeń, których większość ludzi nawet nie jest świadoma — takim jak fałszywe aplikacje, nadmierne uprawnienia, ataki przez

Bluetooth, śledzenie lokalizacji oraz ukryte ryzyko korzystania z darmowego Wi-Fi. Każdy rozdział zawiera przykłady z życia, praktyczne wskazówki ekspertów oraz aktualne narzędzia bezpieczeństwa, które możesz zacząć stosować od razu.

Po przeczytaniu tej książki zrozumiesz, jak dochodzi do ataków mobilnych, jak rozpoznawać sygnały ostrzegawcze oraz — co najważniejsze — jak im zapobiegać. Nauczysz się zabezpieczać swoje wiadomości, chronić wrażliwe dokumenty, unikać najczęstszych pułapek i odzyskać kontrolę nad swoją prywatnością w świecie mobilnym.

Niezależnie od tego, czy jesteś rodzicem, podróżnikiem, przedsiębiorcą, freelancerem, studentem, czy po prostu osobą żyjącą w ciągłym ruchu, ta książka da Ci pewność i wiedzę, jak skutecznie chronić swój cyfrowy świat — nawet w najbardziej połączonym środowisku.

Zacznijmy od Rozdziału 1: Prawdziwe zagrożenia cyberprzestępczości mobilnej — i dlaczego zabezpieczenie smartfona jest tak samo ważne, jak zamknięcie drzwi wejściowych.

Rozdział 1: Prawdziwe zagrożenia cyberprzestępczości mobilnej

Większość ludzi nosi całe swoje życie w kieszeni — ale niewielu naprawdę rozumie zagrożenia, które się z tym wiążą. Smartfon stał się przedłużeniem ludzkiego mózgu: przechowuje nasze hasła, prywatne zdjęcia, rozmowy, aplikacje finansowe, dane zdrowotne, historię lokalizacji, a nawet identyfikatory biometryczne, takie jak odciski palców czy skany twarzy. To sprawia, że urządzenia mobilne są najbardziej pożądanym celem dla cyberprzestępców, złodziei tożsamości i cyfrowych szpiegów. Jednak zagrożenie nie dotyczy tylko hakerów siedzących w ciemnym pokoju i piszących kod. Najpoważniejsze niebezpieczeństwa są często legalne, niewidoczne i wbudowane bezpośrednio w aplikacje, z których korzystamy na co dzień.

Zacznijmy od podstawowej prawdy: Twój telefon nieustannie przesyła dane. Niezależnie od tego, czy jest to lokalizacja GPS, sygnały Bluetooth, zapytania Wi-Fi czy identyfikatory reklamowe, Twoje urządzenie stale komunikuje się z sieciami, nadajnikami i pobliskimi urządzeniami. Ten strumień danych może być zbierany, przechowywany, analizowany i sprzedawany przez twórców aplikacji, reklamodawców lub złośliwych użytkowników. Wiele osób nie zdaje sobie sprawy, że nawet „darmowe" aplikacje, takie jak latarka czy pogoda, mogą zawierać oprogramowanie szpiegujące, które zbiera kontakty, dane z mikrofonu lub informacje o sposobie korzystania z urządzenia — bez wzbudzania podejrzeń.

Jednym z najczęstszych i najmniej zgłaszanych zagrożeń jest tzw. „pełzanie uprawnień" — sytuacja, w której aplikacja początkowo prosi o dostęp do podstawowych funkcji (np. lokalizacji lub zdjęć), ale z czasem żąda coraz bardziej inwazyjnych uprawnień. Na przykład prosta aplikacja do notatek może nagle chcieć dostępu do mikrofonu, kalendarza lub aparatu. Większość użytkowników klika „Zezwól", nie rozumiejąc konsekwencji. Takie uprawnienia mogą być wykorzystywane do podsłuchiwania rozmów, robienia zdjęć lub uzyskiwania dostępu do wrażliwych plików w tle.

Istnieje również zagrożenie związane z fałszywymi aplikacjami — złośliwym oprogramowaniem podszywającym się pod legalne aplikacje. Są one szczególnie powszechne w sklepach z aplikacjami firm trzecich lub w krajach, gdzie dominuje Android. Fałszywa aplikacja bankowa może wyglądać identycznie jak prawdziwa, ale zamiast umożliwiać logowanie, przechwytuje dane logowania. Po zainstalowaniu takie aplikacje działają w trybie ukrytym, przechwytując kody uwierzytelniania dwuskładnikowego, czytając wiadomości i wysyłając prywatne dane na serwer atakującego.

Publiczne Wi-Fi to kolejne ogromne zagrożenie. Ataki typu „man-in-the-middle" polegają na tym, że hakerzy tworzą fałszywe punkty dostępu w miejscach publicznych — często nazwane „Free_Wifi" lub „Starbucks_Guest". Po połączeniu się z taką siecią atakujący może przechwycić wszystko, co wysyłasz: dane logowania, numery kart kredytowych, prywatne e-maile, a nawet ruch VPN, jeśli nie jest on odpowiednio szyfrowany. Jest to szczególnie niebezpieczne dla osób korzystających z bankowości mobilnej, przesyłania plików lub zakupów online w podróży.

Nawet Bluetooth może zostać wykorzystany przeciwko Tobie. Ataki takie jak BlueBorne czy BlueSnarfing pozwalają hakerom przechwytywać pliki, kontakty, a nawet przejąć kontrolę nad urządzeniem — bez jakiejkolwiek interakcji z Twojej strony. Pozostawienie włączonego Bluetooth w zatłoczonych miejscach, takich jak lotniska, konferencje czy koncerty, znacząco zwiększa ryzyko.

Twoje urządzenie jest również bramą do ataków socjotechnicznych. Wiadomości phishingowe wysyłane przez SMS (tzw. smishing) lub aplikacje komunikacyjne mogą wyglądać identycznie jak prawdziwe. Kliknięcie linku w fałszywej wiadomości o przesyłce lub banku może natychmiast zainstalować złośliwe oprogramowanie lub przekierować Cię na stronę podszywającą się pod oryginalną, która kradnie dane logowania. Problem pogłębia fakt, że użytkownicy mobilni częściej działają w pośpiechu i mniej uważnie czytają treści na małym ekranie.

Aby sprawy były jeszcze bardziej skomplikowane, systemy operacyjne nie są niezawodne. Chociaż iOS i Android stosują mechanizmy zabezpieczeń, takie jak sandboxing, szyfrowanie i regularne aktualizacje, mogą one zostać obejście przez jailbreak, przestarzałe oprogramowanie lub niezałatane luki typu zero-day. Po przejęciu kontroli nad urządzeniem staje się ono narzędziem nadzoru — rejestrując każde naciśnięcie klawisza, odblokowując hasła i przesyłając dane bez Twojej wiedzy.

Podsumowując, urządzenia mobilne to prawdziwe skarbce danych — co czyni je niezwykle cennym celem zarówno dla hakerów, jak i firm łaknących danych. Zagrożenia są realne, ciągłe i stale się rozwijają. Ale to nie znaczy, że jesteś bezbronny. W kolejnych rozdziałach przedstawimy konkretne narzędzia i techniki ochrony: od zarządzania uprawnieniami aplikacji i szyfrowania po bezpieczne komunikatory, VPN-y i systemy wykrywania zagrożeń w czasie rzeczywistym.

Na razie zapamiętaj jedno: jeśli nie zostawiłbyś portfela, paszportu czy pamiętnika w miejscu publicznym, nie rób tego również w świecie cyfrowym. Twój smartfon jest tym wszystkim — i znacznie więcej.

Historia Carlosa o cyberprzestępczości mobilnej

Carlos właśnie wylądował w Nowym Jorku po podróży służbowej do Meksyku. Idąc przez lotnisko JFK, sięgnął po telefon, aby sprawdzić e-maile, zamówić Ubera i poinformować żonę, że wylądował. To miał być zwykły, pracowity poniedziałek — aż przestał nim być.

Gdy wsiadł do Ubera, zauważył coś dziwnego. Aplikacja bankowa wylogowała go. Uznał to za błąd i spróbował zalogować się ponownie. Hasło nie działało. Spróbował jeszcze raz — bez skutku. Patrzył na ekran w niedowierzaniu. Nie zmieniał hasła. Nikt go nie znał. Kilka godzin wcześniej korzystał z niego, rezerwując hotel.

Zaniepokojony spróbował zalogować się do e-maila, ale zobaczył komunikat: „Twoje hasło zostało zmienione". Poczuł, jak ogarnia go niepokój.

W ciągu kilku minut telefon zaczął nieustannie wibrować. Bank powiadomił o transakcji na 1500 dolarów w Chicago. Pojawiło się powiadomienie o logowaniu do Apple ID z innego urządzenia. Kolejne — z Dropboxa. Carlos nie opuścił jeszcze lotniska, a jego cyfrowe życie zaczęło się rozpadać.

Jak do tego doszło?

Trzy dni wcześniej, siedząc w kawiarni w Meksyku, Carlos połączył się z darmowym Wi-Fi. To była wygoda, z której korzystał wiele razy. Tego dnia przesłał dokumenty do Google Drive, zalogował się na konto inwestycyjne i odpowiadał na e-maile — wszystko przez tę sieć.

Nie wiedział, że była to fałszywa sieć utworzona przez hakera siedzącego obok. Haker przechwytywał dane logowania i informacje z każdego podłączonego urządzenia.

Następnie wysłał fałszywą aktualizację systemu. Carlos zaakceptował ją bez zastanowienia, instalując złośliwe oprogramowanie. Od tej chwili haker miał dostęp do wszystkiego — wiadomości, haseł, a nawet kamery.

Po powrocie do domu Carlos próbował naprawić sytuację. Zmienił hasła, zadzwonił do banku, zablokował karty i zresetował telefon. Jednak szkody zostały wyrządzone. Jego dane trafiły do dark webu, a zaufanie do technologii zostało zachwiane.

Tydzień później spotkał się z ekspertem ds. cyberbezpieczeństwa, który wskazał jego błędy: korzystanie z publicznego Wi-Fi bez VPN, brak kontroli uprawnień aplikacji, włączony Bluetooth i zaufanie do fałszywych aktualizacji.

Carlos nie był wyjątkiem. Codziennie miliony ludzi wpadają w te same pułapki.

Zdeterminowany, aby się chronić, Carlos zaczął poważnie traktować bezpieczeństwo mobilne. Zainstalował VPN, sprawdził aplikacje i nauczył się rozpoznawać zagrożenia.

Jego historia to przestroga — i powód, dla którego powstała ta książka.

Rozdział 2: Zrozumienie uprawnień aplikacji i sposobów ich wykorzystywania

Za każdym razem, gdy instalujesz nową aplikację, proszony jesteś o nadanie jej uprawnień. Czasami są one oczywiste: aplikacja nawigacyjna potrzebuje dostępu do lokalizacji, a aplikacja aparatu — do kamery. Ale co się dzieje, gdy aplikacja latarki prosi o dostęp do mikrofonu? Albo gdy aplikacja do edycji zdjęć chce uzyskać dostęp do Twojej listy kontaktów? Prawda jest taka, że uprawnienia aplikacji to jeden z najbardziej pomijanych, a jednocześnie najczęściej wykorzystywanych elementów bezpieczeństwa urządzeń mobilnych.

Uprawnienia są mostem między aplikacją a wewnętrznymi funkcjami Twojego telefonu. Obejmują dostęp do lokalizacji, mikrofonu, aparatu, kalendarza, wiadomości, zdjęć, historii połączeń, danych biometrycznych, pamięci urządzenia, a nawet aktywności na ekranie. Każde z tych uprawnień, jeśli zostanie niewłaściwie użyte, może stać się furtką do inwigilacji lub kradzieży danych. Problem polega na tym, że większość ludzi po prostu klika „Zezwól" bez zastanowienia — albo co gorsza ustawia aplikacje na „Zawsze zezwalaj", gdy w zupełności wystarczyłoby „Tylko podczas używania aplikacji".

Przyjrzyjmy się, jak te uprawnienia są najczęściej nadużywane. Pozornie nieszkodliwa aplikacja może poprosić o dostęp do lokalizacji, a następnie potajemnie sprzedawać dane o Twoim przemieszczaniu się reklamodawcom lub brokerom danych. Inna może zbierać historię schowka — co oznacza, że jeśli kopiowałeś hasła lub numery kart kredytowych, mogą one zostać przechwycone. Niektóre aplikacje proszą o dostęp do SMS-ów pod pretekstem weryfikacji, a następnie wykorzystują go do przechwytywania kodów uwierzytelniania dwuskładnikowego lub wysyłania spamu do Twoich kontaktów.

Dostęp do mikrofonu i aparatu to kolejny poważny problem. Aplikacja, która ma dostęp do obu, może teoretycznie nagrywać Cię lub robić zdjęcia bez Twojej wiedzy. Choć systemy operacyjne wymagają wyraźnej zgody użytkownika, złośliwe aplikacje często znajdują sposoby na obejście tych zabezpieczeń — szczególnie na urządzeniach z nieaktualnym oprogramowaniem lub po jailbreaku. Nawet legalne aplikacje były przyłapywane na rejestrowaniu zachowań użytkowników w tle pod pretekstem „analityki".

Uprawnienia mogą się również zmieniać w czasie. Możesz zainstalować aplikację i przyznać jej ograniczony dostęp, ale przy kolejnej aktualizacji aplikacja może poprosić o więcej — a jeśli masz włączone automatyczne aktualizacje, możesz nawet nie zauważyć, że uzyskała dostęp do większej ilości Twoich danych. To właśnie nazywa się „pełzaniem uprawnień” i jest niezwykle powszechne.

Jak więc odzyskać kontrolę? Zacznij od ręcznego sprawdzenia uprawnień każdej aplikacji. Na Androidzie przejdź do Ustawienia > Prywatność > Menedżer uprawnień. Na iOS przejdź do Ustawienia > Prywatność i bezpieczeństwo, a następnie sprawdź każdą kategorię (np. Mikrofon lub Aparat), aby zobaczyć, które aplikacje mają dostęp. Cofnij wszystkie uprawnienia, które nie mają logicznego uzasadnienia.

Możesz także zainstalować narzędzia monitorujące uprawnienia. Aplikacje takie jak Bouncer (Android) pozwalają przyznawać tymczasowe uprawnienia, które wygasają po użyciu. Inne narzędzia, takie jak Jumbo czy DuckDuckGo App Tracking Protection, blokują śledzenie przez strony trzecie i pokazują, w jaki sposób Twoje dane są wykorzystywane.

Zwracaj uwagę na sposób instalowania aplikacji. Korzystaj wyłącznie z oficjalnych sklepów (Google Play, App Store) i unikaj plików APK z nieznanych źródeł. Przed instalacją sprawdź nazwę dewelopera, opinie użytkowników, liczbę pobrań oraz historię aktualizacji. Uważaj na aplikacje z małą liczbą opinii lub będące kopiami innych — często są to narzędzia do rozprzestrzeniania złośliwego oprogramowania.

Nawet wśród legalnych aplikacji warto wybierać te, które wymagają mniej uprawnień. Na przykład kalkulator nie potrzebuje dostępu do internetu. Aplikacje do komunikacji, takie jak Signal, oferują szyfrowanie end-to-end i nie wymagają dostępu do kontaktów, jeśli nie wyrazisz na to zgody. Popularność aplikacji nie oznacza, że szanuje ona Twoją prywatność.

Kolejnym ważnym krokiem jest ograniczenie działania aplikacji w tle. Zarówno iOS, jak i Android pozwalają blokować odświeżanie w tle oraz dostęp do lokalizacji, gdy aplikacja nie jest używana. To może zapobiec ciągłemu śledzeniu i przesyłaniu danych.

Ostatecznie najlepszą ochroną jest świadomość połączona z dobrą higieną cyfrową. Wyrób sobie nawyk comiesięcznego przeglądu telefonu — usuwaj nieużywane aplikacje, sprawdzaj nietypowe uprawnienia i aktualizuj system oraz aplikacje. Im większą kontrolę masz nad tym, co mogą robić Twoje aplikacje, tym mniejszą kontrolę mają nad Tobą inne podmioty.

Zrozumienie uprawnień aplikacji to nie tylko kwestia ustawień — to ochrona Twoich danych, tożsamości i spokoju. Wygoda technologii mobilnej nigdy nie powinna oznaczać cichej inwigilacji.

Jak Ava poznała cenę prywatności

Ava uwielbiała fotografię. Jako początkująca twórczyni treści spędzała godziny na robieniu zdjęć i edytowaniu ich w modnych aplikacjach. Podczas weekendowego wyjazdu do Arizony natrafiła na aplikację ProFilter+. Obiecywała profesjonalne filtry za darmo. Bez zastanowienia pobrała ją i zaakceptowała wszystkie uprawnienia.

Kilka dni później coś zaczęło być nie tak.

Bateria rozładowywała się szybciej niż zwykle. Telefon nagrzewał się nawet wtedy, gdy go nie używała. Podczas pisania wiadomości pojawiło się dziwne okno z prośbą o dostęp do Bluetooth. Zignorowała je, ale poczuła niepokój.

Wieczorem sprawdziła ustawienia prywatności. Była zaskoczona — aplikacja miała dostęp do mikrofonu, aparatu, lokalizacji, kontaktów i czujników ruchu.

Dlaczego aplikacja do edycji zdjęć potrzebowała tego wszystkiego?

Sprawdziła dalej. Aplikacja miała ustawione „Zawsze zezwalaj" dla lokalizacji i korzystała z niej dziesiątki razy dziennie. Wkrótce odkryła, że jej znajoma otrzymała podejrzaną wiadomość e-mail powiązaną z jej kontem.

Ava natychmiast usunęła aplikację i skontaktowała się ze znajomym specjalistą ds. cyberbezpieczeństwa. Okazało się, że aplikacja działała w tle i wysyłała dane na serwer w Europie Wschodniej.

Razem wyczyścili telefon, cofając zbędne uprawnienia, wyłączając działanie aplikacji w tle i instalując VPN oraz zaporę prywatności. Znaleźli też inne aplikacje z nadmiernymi uprawnieniami.

Największą lekcją było to, że Ava nigdy wcześniej nie zastanawiała się, dlaczego aplikacje proszą o dostęp.

Od tego dnia zmieniła swoje podejście. Regularnie sprawdza uprawnienia, analizuje aplikacje przed instalacją i wybiera bardziej prywatne alternatywy.

Jej telefon działa szybciej, a ona czuje większą kontrolę.

Historia Avy pokazuje, że jedno kliknięcie może kosztować prywatność — ale świadomość daje kontrolę.

Rozdział 3: Zagrożenia związane z publicznym Wi-Fi, Bluetooth i śledzeniem lokalizacji

W świecie, w którym jesteśmy stale połączeni, wygoda mobilna ma swoją cenę. Publiczne sieci Wi-Fi, sygnały Bluetooth i usługi śledzenia lokalizacji zostały zaprojektowane, aby ułatwiać życie — ale jednocześnie tworzą poważne luki w zabezpieczeniach, które mogą zostać wykorzystane bez Twojej wiedzy. Kluczem jest zrozumienie, jak działają te technologie i w jaki sposób mogą być manipulowane przez atakujących, reklamodawców, a nawet aplikacje, którym ufasz.

Zacznijmy od publicznego Wi-Fi — jednego z najczęstszych i najniebezpieczniejszych zagrożeń. Kawiarnie, lotniska, hotele i centra handlowe oferują darmowy internet, ale „darmowy" często oznacza brak zabezpieczeń. Takie sieci często nie szyfrują danych, co oznacza, że informacje, które przesyłasz — e-maile, hasła czy dane kart kredytowych — mogą zostać przechwycone. Co gorsza, hakerzy mogą tworzyć fałszywe sieci o nazwach takich jak „Free_WiFi" czy „Starbucks_Guest". Po połączeniu się z taką siecią mogą przechwytywać dane, instalować złośliwe oprogramowanie lub podszywać się pod zaufane strony.

Nawet szyfrowane połączenia HTTPS nie są całkowicie bezpieczne, jeśli użytkownik zostanie oszukany i zainstaluje fałszywy certyfikat lub jeśli wykorzystana zostanie luka w przeglądarce. Korzystanie z bankowości mobilnej, synchronizacja plików czy logowanie do chmury przez publiczne Wi-Fi bez odpowiedniej ochrony może prowadzić do poważnych strat danych.

Drugim istotnym zagrożeniem jest Bluetooth. Większość osób pozostawia go włączonego dla wygody — do słuchawek, samochodu czy smartwatcha. Jednak Bluetooth stale wysyła sygnał, który może zostać wykryty przez inne urządzenia w pobliżu. Ataki takie jak BlueBorne pokazały, że możliwe jest przejęcie kontroli nad urządzeniem bez jakiejkolwiek interakcji użytkownika. Inne techniki, jak BlueSnarfing, pozwalają na kradzież danych i dostęp do plików.

Wyłączenie Bluetooth, gdy nie jest używany, to prosta, ale skuteczna metoda ochrony. Jest to szczególnie ważne w miejscach publicznych, takich jak lotniska, konferencje czy transport publiczny.

Trzecim, często niedocenianym zagrożeniem jest śledzenie lokalizacji. Smartfony wykorzystują GPS, Wi-Fi i sygnały sieci komórkowej do określania Twojej pozycji. To umożliwia korzystanie z map, aplikacji pogodowych czy usług transportowych, ale jednocześnie stanowi poważne ryzyko dla prywatności.

Wiele aplikacji zbiera dane lokalizacyjne i udostępnia je reklamodawcom lub brokerom danych. Niektóre śledzą Twoje ruchy przez cały czas, tworząc szczegółowy profil Twojego życia — gdzie pracujesz, robisz zakupy, śpisz i podróżujesz. Dane te mogą zostać sprzedane, zhakowane lub wykorzystane do precyzyjnego targetowania reklam.

Aby odzyskać kontrolę, sprawdź ustawienia lokalizacji. Ustaw dostęp „Tylko podczas używania aplikacji", chyba że absolutnie konieczne jest coś więcej. Wyłącz dokładną lokalizację, jeśli nie jest potrzebna, oraz funkcje takie jak historia lokalizacji czy „ważne miejsca".

Warto również korzystać z VPN, który szyfruje połączenie internetowe — szczególnie w publicznych sieciach Wi-Fi. VPN ukrywa Twój adres IP i chroni Twoje dane przed podglądem przez hakerów i dostawców internetu. Wybieraj sprawdzone, płatne usługi — darmowe VPN-y często sprzedają dane użytkowników.

Kolejnym krokiem jest wyłączenie automatycznego łączenia się z otwartymi sieciami Wi-Fi. Funkcja ta może sprawić, że telefon połączy się z niebezpieczną siecią bez Twojej wiedzy.

Podsumowując, możliwości bezprzewodowego łączenia się Twojego telefonu to miecz obosieczny. Zapewniają wygodę i funkcjonalność, ale jednocześnie narażają Cię na zagrożenia w czasie rzeczywistym. Świadome korzystanie z Wi-Fi, Bluetooth i lokalizacji znacząco zmniejsza ryzyko utraty danych i prywatności.

Celem nie jest strach, lecz mądre korzystanie z technologii.

Historia Jordana o aplikacji bankowej

Jordan był cyfrowym nomadą — freelancerem pracującym w kawiarniach na całym świecie. Jego telefon był jego biurem, bankiem i centrum komunikacji. Jednak mimo wiedzy technologicznej popełniał jeden błąd — stawiał wygodę ponad bezpieczeństwo.

Pewnego dnia w Tajlandii połączył się z darmowym Wi-Fi w kawiarni i sprawdził konto bankowe. Wieczorem otrzymał powiadomienia o podejrzanych transakcjach. Nie mógł się zalogować — ktoś przejął jego konto.

Okazało się, że połączył się z fałszywą siecią Wi-Fi. Haker przechwycił jego dane logowania i uzyskał dostęp do konta. Dodatkowo Jordan miał włączony Bluetooth, co pozwoliło na kradzież danych z urządzenia.

Ekspert ds. cyberbezpieczeństwa pomógł mu zabezpieczyć telefon: wyłączyć Bluetooth, usunąć zapisane sieci, ograniczyć lokalizację i zainstalować VPN.

Od tego momentu Jordan zmienił swoje nawyki. Stał się ostrożny, świadomy i zaczął edukować innych.

Jego historia pokazuje jedno: połączenie bez ostrożności to jak pozostawienie otwartych drzwi w zatłoczonym mieście.

Rozdział 4: Zabezpieczanie smartfona – ustawienia, narzędzia i najlepsze praktyki

Zabezpieczenie smartfona zaczyna się od zmiany sposobu myślenia: Twój telefon to nie tylko urządzenie – to Twoja tożsamość, portfel i prywatne życie zamknięte w jednym przedmiocie, który nosisz wszędzie. Każde kliknięcie, pobranie czy przesunięcie palcem otwiera nowe możliwości – albo dla produktywności, albo dla wykorzystania przez innych. Na szczęście nowoczesne smartfony oferują potężne wbudowane zabezpieczenia – trzeba tylko umieć z nich korzystać.

Zacznijmy od ekranu blokady – to Twoja pierwsza linia obrony. Używaj silnego, co najmniej sześciocyfrowego kodu PIN lub hasła alfanumerycznego zamiast prostego czterocyfrowego kodu. Uwierzytelnianie biometryczne, takie jak Face ID lub odcisk palca, jest wygodne, ale powinno być zawsze połączone z mocnym kodem zapasowym. Unikaj wzorów odblokowania i prostych systemów rozpoznawania twarzy opartych wyłącznie na kamerze – mogą zostać łatwo obejście. Wyłącz również podgląd powiadomień na ekranie blokady dla wrażliwych aplikacji, takich jak e-mail, wiadomości czy bankowość.

Następnie upewnij się, że masz włączone automatyczne aktualizacje zabezpieczeń. Zarówno Android, jak i iOS regularnie publikują poprawki bezpieczeństwa. Włącz opcję automatycznej instalacji aktualizacji, aby system i aplikacje były zawsze aktualne. Nieaktualne urządzenie jest jednym z najbardziej narażonych na ataki.

Kolejnym krokiem jest regularny przegląd uprawnień aplikacji. Co miesiąc sprawdzaj, które aplikacje mają dostęp do kamery, mikrofonu, kontaktów, kalendarza i lokalizacji. Zadaj sobie pytanie: czy ta aplikacja naprawdę tego potrzebuje? Jeśli nie — cofnij dostęp lub ustaw opcję „Tylko podczas używania aplikacji".

Aby chronić dane zapisane na urządzeniu, włącz szyfrowanie pamięci. iPhone'y mają je domyślnie włączone. W Androidzie znajdziesz tę opcję w ustawieniach bezpieczeństwa. Szyfrowanie sprawia, że nawet w przypadku kradzieży telefonu dane pozostają niedostępne bez kodu odblokowania.

Bardzo ważnym nawykiem jest tworzenie kopii zapasowych. Korzystaj z zaszyfrowanych kopii w chmurze lub lokalnych. Unikaj aplikacji firm trzecich, które wymagają zbyt wielu uprawnień. W przypadku awarii, kradzieży lub ataku złośliwego oprogramowania kopia zapasowa pozwoli odzyskać dane.

Jeśli chodzi o komunikację, unikaj zwykłych SMS-ów do wrażliwych rozmów. Korzystaj z aplikacji z szyfrowaniem end-to-end, takich jak Signal czy WhatsApp. Signal jest szczególnie ceniony za prywatność, ponieważ nie przechowuje metadanych. Włącz znikające wiadomości i blokadę biometryczną dla dodatkowej ochrony.

Zainstaluj również zaufany VPN, zwłaszcza jeśli korzystasz z publicznych sieci Wi-Fi. VPN szyfruje ruch internetowy i chroni Twoje dane przed hakerami oraz dostawcami internetu. Wybieraj renomowane, płatne usługi — darmowe VPN-y często sprzedają dane użytkowników.

Użytkownicy Androida mogą korzystać z zapór prywatności, takich jak NetGuard, które monitorują ruch aplikacji. Użytkownicy iOS mogą używać narzędzi typu Lockdown Privacy. Dzięki nim możesz zobaczyć, które aplikacje łączą się z internetem i blokować podejrzane działania.

Wyłącz śledzenie reklam i udostępnianie danych analitycznych. Na iOS wyłącz opcję śledzenia aplikacji, a na Androidzie wyłącz personalizację reklam i regularnie resetuj identyfikator reklamowy.

Dla dodatkowego bezpieczeństwa wyłącz funkcje takie jak AirDrop, NFC czy Nearby Share, gdy nie są używane.

Bluetooth i Wi-Fi również powinny być wyłączone, gdy nie są potrzebne — szczególnie w miejscach publicznych.

Na koniec włącz funkcję lokalizacji urządzenia, taką jak „Znajdź mój iPhone” lub „Znajdź urządzenie”. Pozwala ona zdalnie zlokalizować, zablokować lub wyczyścić telefon w przypadku jego zgubienia lub kradzieży.

Wszystkie te ustawienia można skonfigurować w około 30 minut, ale mogą one uchronić Cię przed latami problemów, strat finansowych i stresu.

Historia Riley

Riley zawsze uważała, że jej iPhone jest bezpieczny. Był nowoczesny i aktualizowany. Jednak po seminarium o cyberbezpieczeństwie zrozumiała, jak wiele przeoczyła.

Ekspert pokazał, jak łatwo można przejąć kontrolę nad urządzeniem z powodu słabych ustawień. Riley wróciła do domu i zaczęła działać.

Zmieniła kod na silne hasło, przejrzała uprawnienia aplikacji i odkryła, że stare aplikacje nadal mają dostęp do mikrofonu i kamery. Cofnęła zbędne uprawnienia.

Zamieniła SMS-y na Signal, usunęła zapisane sieci Wi-Fi i włączyła VPN. Wyłączyła Bluetooth, śledzenie reklam i historię lokalizacji.

Włączyła funkcję lokalizacji telefonu i zabezpieczyła kopie zapasowe.

Następnego dnia jej telefon działał szybciej i wydawał się bardziej prywatny.

Kilka tygodni później pomogła znajomej zabezpieczyć jej telefon po ataku hakerskim.

Riley zrozumiała, że bezpieczeństwo to nie jednorazowe działanie, ale nawyk. Co miesiąc sprawdza swoje ustawienia — tak jak dba o zdrowie i finanse.

Ochrona telefonu to nie tylko technologia — to spokój ducha.

Rozdział 5: Ochrona plików osobistych, zdjęć i danych w chmurze

Twój smartfon to coś więcej niż urządzenie do komunikacji — to osobisty sejf. Przechowuje tysiące zdjęć, prywatne dokumenty, skany dowodów tożsamości, umowy, dane finansowe, a nawet poufne notatki. Ta wygoda sprawia jednak, że staje się on cennym celem dla złodziei, hakerów i systemów inwigilacji. Jeśli Twoje pliki, zdjęcia lub konta w chmurze zostaną przejęte, skutki mogą być poważne — od kradzieży tożsamości i szantażu po straty finansowe i stres.

Pierwszym krokiem do ochrony danych jest zrozumienie, jak są przechowywane i udostępniane. Większość użytkowników korzysta z usług chmurowych, takich jak iCloud, Google Drive, OneDrive czy Dropbox. Choć są wygodne, nie są odporne na ataki. W przypadku naruszenia bezpieczeństwa haker może uzyskać dostęp do całego Twojego cyfrowego życia — zwłaszcza jeśli używasz tych samych haseł i nie masz włączonego uwierzytelniania dwuskładnikowego.

Zabezpiecz swoje konta silnymi, unikalnymi hasłami i włącz 2FA. Unikaj SMS-ów jako metody uwierzytelniania — lepiej używać aplikacji takich jak Authy czy Google Authenticator.

Jeszcze lepszym rozwiązaniem jest fizyczny klucz bezpieczeństwa.

Regularnie sprawdzaj ustawienia udostępniania plików. Często zapominamy, że dokument udostępniony kiedyś nadal może być dostępny przez link. Cofnij dostęp do plików, które nie powinny być już widoczne, i unikaj opcji „każdy z linkiem".

Szyfruj wrażliwe pliki przed przesłaniem do chmury. Narzędzia takie jak Cryptomator czy 7-Zip pozwalają zabezpieczyć dane hasłem, dzięki czemu nawet po włamaniu pliki pozostaną nieczytelne.

Na telefonie korzystaj z aplikacji typu sejf, które chronią zdjęcia, dokumenty i notatki. Takie aplikacje oferują szyfrowanie i zabezpieczenia biometryczne. Upewnij się, że są aktualne i godne zaufania.

W przypadku zdjęć rozważ wyłączenie automatycznej synchronizacji dla wrażliwych folderów. Przechowuj dokumenty tożsamości i ważne pliki w osobnym, zabezpieczonym miejscu.

Uważaj na aplikacje do skanowania dokumentów. Wiele z nich automatycznie przesyła dane do chmury. Wybieraj te, które oferują lokalne przechowywanie i szyfrowanie.

Regularnie twórz kopie zapasowe offline — na zaszyfrowanym dysku lub karcie pamięci. Chmura jest wygodna, ale nie niezawodna. Lokalna kopia to Twoje ostatnie zabezpieczenie.

Zwracaj uwagę na uprawnienia aplikacji. Niektóre aplikacje mają dostęp do całej galerii lub systemu plików. Zastanów się, czy jest to konieczne.

Dodatkowo możesz zainstalować aplikacje bezpieczeństwa, które wykrywają wycieki danych i pozwalają zdalnie wyczyścić urządzenie w razie kradzieży.

Ostatecznie zasada jest prosta: jeśli coś jest dla Ciebie wartościowe, jest wartościowe również dla innych. Traktuj swoje dane jak portfel lub paszport — zabezpiecz je, szyfruj i kontroluj, gdzie są przechowywane.

Historia Natashy

Natasha była prawniczką pracującą jako freelancer i przechowywała wszystkie dokumenty w chmurze. Pewnego dnia otrzymała powiadomienie o logowaniu z Rosji. Okazało się, że ktoś uzyskał dostęp do jej konta.

Zmieniła hasło, ale było już za późno — poufne dokumenty zostały pobrane, a następnie wykorzystane do szantażu.

Ekspert ds. bezpieczeństwa odkrył, że Natasha używała podobnych haseł na różnych platformach i nie miała włączonego 2FA.

Wdrożyła natychmiastowe zmiany: silne hasła, uwierzytelnianie dwuskładnikowe, szyfrowanie plików i bezpieczne aplikacje do skanowania.

Usunęła automatyczną synchronizację i zabezpieczyła zdjęcia w prywatnym sejfie.

Po kilku dniach jej system był znacznie bezpieczniejszy.

Później zaczęła edukować innych przedsiębiorców, pokazując, jak chronić dane.

Jej wniosek był prosty: nie czekaj na atak, aby zacząć się chronić.

Rozdział 6: Bezpieczne wiadomości, połączenia i wideorozmowy na urządzeniach mobilnych

Wiadomości tekstowe, rozmowy głosowe i wideorozmowy to najczęstsze sposoby komunikacji za pomocą smartfona. Jednak wiele osób nie zdaje sobie sprawy, że te rozmowy nie zawsze są prywatne. Od niezabezpieczonych domyślnych aplikacji do wiadomości, przez nieszyfrowane platformy wideo, aż po operatorów telekomunikacyjnych rejestrujących dane — Twoja komunikacja mobilna jest bardziej narażona, niż myślisz. W erze cyfrowej inwigilacji zabezpieczenie rozmów nie jest luksusem — to konieczność.

Zacznijmy od SMS-ów. To jedna z najmniej bezpiecznych form komunikacji. Wiadomości są przesyłane w postaci nieszyfrowanej i mogą być przechwycone przez operatorów, służby lub osoby trzecie. W wielu krajach dane SMS są przechowywane przez długi czas. Dlatego SMS powinien być używany tylko do mało wrażliwych informacji.

Zamiast tego korzystaj z aplikacji oferujących szyfrowanie end-to-end, gdzie tylko nadawca i odbiorca mogą odczytać wiadomość. Najlepsze opcje to:

Signal — uznawany za najbezpieczniejszy komunikator, bez reklam i zbierania danych, oferujący znikające wiadomości i szyfrowane połączenia
WhatsApp — szyfrowany, ale zbiera metadane
Telegram — szyfrowanie tylko w trybie Secret Chat
Threema i Wire — bardzo bezpieczne alternatywy dla profesjonalistów

Jeśli chodzi o rozmowy głosowe i wideo, standardowe połączenia telefoniczne nie są szyfrowane. Mogą być rejestrowane lub przechwytywane. Do prywatnych rozmów używaj aplikacji takich jak Signal, WhatsApp lub FaceTime (na iOS), które oferują szyfrowanie.

Zwracaj uwagę na dostęp do mikrofonu i kamery. Wiele aplikacji prosi o te uprawnienia nawet wtedy, gdy nie są potrzebne. Regularnie sprawdzaj ustawienia i ogranicz dostęp tylko do zaufanych aplikacji. Nowoczesne systemy pokazują, kiedy kamera lub mikrofon są używane.

Podczas korzystania z aplikacji do wideokonferencji, takich jak Zoom czy Google Meet, pamiętaj, że nie wszystkie oferują pełne szyfrowanie. Do poufnych rozmów lepiej używać bardziej bezpiecznych narzędzi.

W sytuacjach wysokiego ryzyka możesz korzystać z tymczasowych numerów telefonów (tzw. burner numbers), które chronią Twoją tożsamość.

Uważaj także na ataki socjotechniczne. Oszuści mogą podszywać się pod znajomych i próbować wyłudzić informacje. Zawsze weryfikuj takie wiadomości.

Dla dodatkowego bezpieczeństwa włącz uwierzytelnianie dwuskładnikowe, ustaw kody PIN do aplikacji i korzystaj z funkcji automatycznego usuwania wiadomości.

Sprawdź również kopie zapasowe wiadomości. Niektóre aplikacje zapisują je w chmurze bez szyfrowania. Wyłącz tę funkcję lub włącz szyfrowane kopie.

Podsumowując, bezpieczna komunikacja to nie tylko wybór aplikacji, ale także odpowiednie ustawienia i nawyki. Każda wiadomość może pozostać prywatna — albo stać się czyjąś okazją.

Historia Leny

Lena była dziennikarką śledczą. Pracowała z poufnymi źródłami, ale używała zwykłych SMS-ów i połączeń telefonicznych.

Pewnego dnia otrzymała ostrzeżenie, że może być monitorowana. Wkrótce zauważyła dziwne zachowanie telefonu.

Ekspert ds. bezpieczeństwa potwierdził, że jej komunikacja nie była szyfrowana, a mikrofon był używany przez aplikacje w tle.

Zainstalowała Signal, włączyła szyfrowanie, 2FA i ograniczyła dostęp aplikacji do mikrofonu.

Wyłączyła kopie zapasowe w chmurze i zaczęła korzystać z tymczasowych numerów.

Kilka miesięcy później opublikowała ważne śledztwo — jej dane i źródła pozostały bezpieczne.

Zrozumiała, że w cyfrowym świecie trzeba chronić nie tylko dane, ale i rozmowy.

Rozdział 7: Pułapki aplikacji mobilnych, złośliwe oprogramowanie i zagrożenia spyware

Nie wszystkie aplikacje mobilne są tym, czym się wydają. Niektóre podszywają się pod przydatne narzędzia, gry lub platformy rozrywkowe — ale w rzeczywistości zbierają Twoje dane, instalują oprogramowanie śledzące, a nawet działają jako spyware. Współczesny smartfon stał się kopalnią danych zarówno dla deweloperów, jak i cyberprzestępców, a użytkownicy, którzy nie rozpoznają tych zagrożeń, narażają się na inwigilację, kradzież tożsamości i inne poważne konsekwencje.

Zacznijmy od złośliwych aplikacji. Są to programy, które wyglądają na legalne, ale zostały zaprojektowane w celu kradzieży danych, instalacji malware lub przejęcia funkcji urządzenia. Najczęściej występują w nieoficjalnych sklepach lub na stronach oferujących pliki APK, ale czasami trafiają także do oficjalnych sklepów, udając latarki, tapety czy skanery QR. Po instalacji proszą o nadmierne uprawnienia i zaczynają przesyłać dane na zewnętrzne serwery.

Jednym z najgroźniejszych zagrożeń jest spyware (tzw. stalkerware). To aplikacje, które potajemnie śledzą lokalizację, wiadomości, historię połączeń, zdjęcia, a nawet aktywność mikrofonu i kamery — bez wiedzy użytkownika. Mogą zostać zainstalowane przez osobę mającą chwilowy dostęp do telefonu i często działają w tle, ukrywając się przed użytkownikiem.

Spyware często przybiera niewinne nazwy, takie jak „System Services" czy „Device Helper", aby uniknąć wykrycia. Niektóre są sprzedawane jako narzędzia kontroli rodzicielskiej, ale bywają wykorzystywane do nadużyć. Po aktywacji przesyłają dane w sposób ciągły i mogą umożliwiać zdalne włączenie mikrofonu lub podgląd ekranu.

Aby się chronić, regularnie przeglądaj zainstalowane aplikacje. Jeśli znajdziesz coś, czego nie pamiętasz, usuń to natychmiast. Sprawdzaj również, które aplikacje mają uprawnienia administratora urządzenia — to może oznaczać podwyższony dostęp.

Zainstaluj oprogramowanie zabezpieczające od renomowanych firm, które wykrywa spyware i nieautoryzowane działania. Takie narzędzia mogą monitorować użycie mikrofonu i kamery oraz ostrzegać o podejrzanej aktywności.

Pobieraj aplikacje wyłącznie z zaufanych źródeł. Unikaj instalowania aplikacji z linków w e-mailach, SMS-ach lub reklamach. Zawsze sprawdzaj nazwę dewelopera, opinie i wymagane uprawnienia.

Zachowaj szczególną ostrożność wobec darmowych aplikacji proszących o dostęp do kontaktów, pamięci czy historii połączeń. Jeśli aplikacja latarki potrzebuje dostępu do mikrofonu i lokalizacji — to sygnał ostrzegawczy.

Wyłącz możliwość instalowania aplikacji z nieznanych źródeł. To jedna z najprostszych i najskuteczniejszych metod ochrony.

Obserwuj zachowanie telefonu. Szybkie rozładowywanie baterii, przegrzewanie się urządzenia, nagłe zużycie danych lub dziwne komunikaty mogą wskazywać na działanie złośliwego oprogramowania.

Jeśli podejrzewasz infekcję, wykonaj kopię zapasową ważnych danych i przywróć telefon do ustawień fabrycznych. Następnie instaluj aplikacje ponownie — tylko z zaufanych źródeł.

Edukacja jest równie ważna. Dzieci i osoby starsze często instalują aplikacje bez sprawdzania uprawnień. Pomóż im skonfigurować bezpieczne ustawienia.

W świecie milionów aplikacji Twoją najlepszą ochroną jest czujność. Każda aplikacja może chronić Twoją prywatność — albo ją naruszać.

Historia Tashy

Tasha była nauczycielką matematyki, która korzystała z telefonu do pracy i rozrywki. Pewnego dnia pobrała darmową aplikację do organizacji pracy.

Na początku działała dobrze, ale po kilku dniach zaczęły pojawiać się problemy: szybkie rozładowywanie baterii, dziwne powiadomienia i reklamy związane z prywatnymi rozmowami.

Znajomy z IT sprawdził telefon i odkrył, że aplikacja była spyware, które zbierało dane z mikrofonu, kontaktów i schowka.

Aplikacja miała nawet uprawnienia administratora, co utrudniało jej usunięcie.

Po przywróceniu ustawień fabrycznych Tasha zabezpieczyła telefon i przeanalizowała wszystkie aplikacje.

Zrozumiała, że wygoda może prowadzić do utraty prywatności.

Później podzieliła się swoją historią z innymi, ucząc ich, jak rozpoznawać zagrożenia.

Jej doświadczenie pokazuje, że największe zagrożenia często ukrywają się pod pozorem użytecznych narzędzi.

Rozdział 8: Co zrobić, jeśli Twój telefon zostanie zgubiony, skradziony lub przejęty

Utrata telefonu to już nie tylko niedogodność — to może być pełnoprawny kryzys cyfrowy. Niezależnie od tego, czy urządzenie zostanie zgubione, skradzione czy przejęte, Twoje prywatne życie może zostać ujawnione w ciągu kilku minut, jeśli nie masz odpowiednich zabezpieczeń. Kontakty, aplikacje bankowe, zdjęcia, wiadomości, konta społecznościowe, dokumenty i zapisane hasła — wszystko może być zagrożone. Jednak dzięki odpowiedniemu przygotowaniu i szybkim działaniom możesz zminimalizować szkody, a nawet całkowicie im zapobiec.

Krok 1: Przygotuj się wcześniej
Najlepszym momentem na ochronę danych jest czas przed utratą telefonu. Włącz funkcje lokalizacji i zdalnego czyszczenia urządzenia. Dzięki nim możesz namierzyć telefon, zablokować go lub usunąć dane zdalnie.

Upewnij się także, że ekran blokady jest odpowiednio zabezpieczony. Używaj silnego hasła i wyłącz podgląd powiadomień dla wrażliwych aplikacji. Usuń dostęp do portfela, sterowania domem i szybkich odpowiedzi z poziomu ekranu blokady.

Krok 2: Szyfrowanie i automatyczne kasowanie

Włącz szyfrowanie urządzenia, aby chronić dane w przypadku kradzieży. Możesz także ustawić automatyczne usuwanie danych po kilku nieudanych próbach odblokowania.

Krok 3: Działaj natychmiast

Jeśli telefon zniknie:

— spróbuj go zlokalizować za pomocą funkcji „Znajdź urządzenie"

— włącz tryb zgubienia i zablokuj telefon

— jeśli odzyskanie nie jest możliwe, usuń dane zdalnie

— zmień wszystkie ważne hasła (najpierw e-mail i chmura)

— skontaktuj się z operatorem, aby zablokować kartę SIM

— zgłoś kradzież na policję, podając numer IMEI

Krok 4: Ochrona w przypadku przejęcia

W niektórych sytuacjach telefon może zostać przejęty przez służby lub inne osoby. W takich przypadkach:

— używaj silnych haseł zamiast odblokowania biometrycznego

— korzystaj z aplikacji szyfrujących komunikację

— wyłącz synchronizację wrażliwych danych

— rozważ użycie dodatkowego telefonu do podróży

Krok 5: Po odzyskaniu telefonu

Jeśli odzyskasz urządzenie:

— sprawdź ustawienia i aktywność

— przejrzyj uprawnienia aplikacji

— zmień wszystkie hasła

— rozważ przywrócenie ustawień fabrycznych

Dodatkowo zapisz ważne informacje: numer IMEI, model telefonu, dowód zakupu i wykonuj regularne kopie zapasowe.

Podsumowując, Twój telefon może być Twoim największym wsparciem — albo największym zagrożeniem. Im więcej zabezpieczeń wprowadzisz wcześniej, tym mniej ryzyka w sytuacji kryzysowej.

Historia Raja

Raj wracał do domu, gdy zorientował się, że zgubił telefon. Zawierał on wszystko — dane bankowe, kontakty, zdjęcia i hasła.

Na szczęście wcześniej włączył funkcję lokalizacji. Udało mu się zdalnie zablokować telefon i spróbować go odnaleźć. Gdy lokalizacja przestała działać, zdecydował się na zdalne usunięcie danych.

Następnie zmienił wszystkie hasła i zablokował kartę SIM, zapobiegając dalszym stratom.

Po tym doświadczeniu jeszcze bardziej zabezpieczył swoje nowe urządzenie: silne hasło, brak biometrii, ograniczone powiadomienia i szyfrowane kopie zapasowe.

Zaczął traktować telefon jak najważniejszy element swojego życia cyfrowego — wymagający takiej samej ochrony jak dom czy portfel.

Jego historia pokazuje, że szybka reakcja i wcześniejsze przygotowanie mogą uchronić przed poważnymi konsekwencjami.

Rozdział 9: Bezpieczeństwo mobilne dla rodzin i dzieci

W dzisiejszym połączonym świecie urządzenia mobilne stały się integralną częścią życia rodzinnego. Dzieci korzystają ze smartfonów i tabletów do nauki, rozrywki i komunikacji — często już od najmłodszych lat. Choć technologia oferuje ogromne możliwości, otwiera także drzwi do realnych zagrożeń: drapieżników internetowych, nieodpowiednich treści, cyberprzemocy, uzależnienia, śledzenia danych i naruszeń prywatności. Dla rodzica lub opiekuna zapewnienie dziecku bezpiecznego korzystania z urządzeń mobilnych jest jednym z najważniejszych obowiązków w świecie cyfrowym.

Zacznij od zrozumienia zagrożeń. Dzieci nie są tylko użytkownikami — są także celem. Złośliwe aplikacje, zakupy w aplikacjach, algorytmy mediów społecznościowych, a nawet inni użytkownicy mogą wykorzystać ich ciekawość i brak doświadczenia. Dzieci często nie rozumieją konsekwencji udostępniania danych osobowych, klikania reklam czy instalowania gier.

Najważniejszym krokiem jest otwarta komunikacja. Dziecko powinno wiedzieć, że korzystanie ze smartfona to przywilej wiążący się z odpowiedzialnością. Wyjaśnij, że zagrożenia online są realne — tak jak w świecie fizycznym — i że Twoją rolą jest pomoc, a nie kontrola.

Następnie wprowadź kontrolę rodzicielską i ograniczenia:
Na iOS użyj funkcji Czas przed ekranem, aby ograniczyć aplikacje i treści.
Na Androidzie skorzystaj z Family Link, który pozwala kontrolować instalacje aplikacji i czas korzystania.

Włącz bezpieczne wyszukiwanie oraz korzystaj z aplikacji przeznaczonych dla dzieci, takich jak YouTube Kids.

Używaj narzędzi filtrujących treści i monitorujących aktywność, które pomagają chronić dziecko bez naruszania jego prywatności.

Ucz dziecko zasad prywatności. Powinno wiedzieć, że nie należy udostępniać danych takich jak imię, adres czy szkoła. Wyjaśnij, czym jest śledzenie danych i jak aplikacje mogą zbierać informacje.

Wyłącz śledzenie lokalizacji dla większości aplikacji. Wyłącz Bluetooth i funkcje udostępniania plików, gdy nie są potrzebne.

Porozmawiaj o cyberprzemocy. Dziecko powinno wiedzieć, jak blokować użytkowników i zgłaszać problemy.

Ustal jasne zasady dotyczące czasu przed ekranem. Wprowadź strefy bez telefonu, np. w sypialni lub podczas posiłków.

Monitoruj korzystanie z urządzenia w sposób wspierający, a nie kontrolujący. Pomagaj dziecku budować zdrowe nawyki cyfrowe.

Zadbaj również o podstawowe zabezpieczenia:
— ustaw silne hasło lub blokadę biometryczną
— ogranicz zakupy i instalacje aplikacji
— aktualizuj system
— przechowuj wrażliwe dane na urządzeniach kontrolowanych przez rodzica

Najważniejsze — dawaj przykład. Dzieci uczą się przez obserwację. Jeśli sam ignorujesz zasady bezpieczeństwa, dziecko zrobi to samo.

Celem nie jest odizolowanie dziecka od technologii, ale nauczenie go bezpiecznego i świadomego korzystania z niej.

Historia Moniki

Monika była samotną mamą, której syn Leo chciał mieć smartfon. Początkowo wszystko wydawało się w porządku, ale po pewnym czasie zauważyła niepokojące zmiany w jego zachowaniu.

Pewnego dnia odkryła, że rozmawia z nieznajomym poznanym w grze. Aplikacja miała dostęp do mikrofonu, lokalizacji i kamery.

Z pomocą znajomego wdrożyła zabezpieczenia: kontrolę rodzicielską, ograniczenia aplikacji i filtrowanie treści.

Przeprowadziła z synem ważną rozmowę o prywatności i bezpieczeństwie.

Ustalili zasady korzystania z telefonu i wspólnie monitorowali jego użycie.

Z czasem Leo zaczął podejmować bardziej świadome decyzje i sam dbać o bezpieczeństwo.

Historia Moniki pokazuje, że kluczem jest nie tylko technologia, ale komunikacja, zaufanie i edukacja.

Rozdział 10: Przyszłość bezpieczeństwa mobilnego — trendy, zagrożenia i jak pozostać o krok przed nimi

Bezpieczeństwo mobilne nie jest już opcjonalne — to dynamiczna i stale rozwijająca się konieczność. Wraz z rosnącą mocą smartfonów i ich integracją z każdym aspektem naszego życia, zagrożenia stają się coraz bardziej zaawansowane, trwałe i niewidoczne. Zrozumienie przyszłych trendów jest kluczowe, aby wyprzedzić cyberprzestępców, manipulacyjne algorytmy i systemy nadzoru.

Jednym z najważniejszych kierunków rozwoju jest wykorzystanie sztucznej inteligencji — zarówno w atakach, jak i w obronie. Cyberprzestępcy używają AI do automatyzacji phishingu, tworzenia realistycznych fałszywych wiadomości oraz analizowania zachowań użytkowników. Deepfake'i audio i wideo umożliwiają podszywanie się pod zaufane osoby.

Z drugiej strony AI wspiera ochronę — wykrywa zagrożenia w czasie rzeczywistym, analizuje nietypowe zachowania i zapobiega wyciekom danych.

Kolejnym trendem są ataki typu zero-click, które nie wymagają żadnej interakcji użytkownika. Wystarczy wiadomość lub połączenie, aby zainstalować złośliwe oprogramowanie.

Rośnie także zagrożenie spyware i narzędziami inwigilacji. Przykłady takie jak Pegasus pokazują, jak łatwo można przejąć kontrolę nad urządzeniem.

W odpowiedzi pojawiają się nowe rozwiązania: sprzętowe klucze bezpieczeństwa, systemy zwiększające prywatność oraz alternatywne systemy operacyjne dające większą kontrolę nad danymi.

Biometria również się rozwija. Oprócz odcisków palców i rozpoznawania twarzy pojawiają się nowe metody, takie jak analiza zachowania użytkownika czy głosu.

Telefon staje się także centrum tożsamości — przechowuje dokumenty, bilety, dane finansowe. To zwiększa ryzyko w przypadku utraty urządzenia.

Technologia 5G i rozwój IoT wprowadzają nowe zagrożenia, ponieważ coraz więcej urządzeń jest ze sobą połączonych.

Jak się przygotować na przyszłość?

— stale się edukuj
— ogranicz ilość danych, które udostępniasz

— stosuj wielowarstwowe zabezpieczenia
— twórz zaszyfrowane kopie zapasowe
— kontroluj swoją tożsamość cyfrową
— regularnie sprawdzaj ustawienia bezpieczeństwa

Przyszłość bezpieczeństwa mobilnego nie polega na eliminacji ryzyka, lecz na świadomym zarządzaniu nim. Twoja wiedza i nawyki są najważniejszą linią obrony.

Historia Juliana i Mayi

Julian i Maya mieli w pełni zdigitalizowane życie. Każdy członek rodziny korzystał z urządzeń mobilnych.

Po obejrzeniu dokumentu o spyware zrozumieli, jak poważne są zagrożenia.

Przeprowadzili pełny audyt bezpieczeństwa: aktualizacje systemów, zmiana komunikatorów na bezpieczne, wprowadzenie kluczy bezpieczeństwa i ograniczenie śledzenia.

Zaczęli również edukować swoje dzieci, ucząc je świadomego korzystania z technologii.

Po pewnym czasie poczuli się bezpieczniej i bardziej świadomie korzystali z urządzeń.

Ich wniosek był prosty: bezpieczeństwo to nie jednorazowe działanie, ale styl życia.

Bezpieczeństwo nie jest celem — to praktyka

Dotarłeś do końca tej książki, ale Twoja podróż ku bezpieczeństwu mobilnemu dopiero się zaczyna.

Żyjemy w świecie, w którym nasze telefony są czymś więcej niż tylko narzędziami — są cyfrowym przedłużeniem nas samych. Wiedzą, gdzie jesteśmy, z kim rozmawiamy, czego szukamy, jak wydajemy pieniądze, a nawet o czym myślimy, gdy nikt inny nie patrzy. I właśnie dlatego muszą być chronione z taką samą troską, czujnością i odpowiedzialnością, jaką poświęcamy naszym domom, rodzinom i tożsamości.

W tej książce przeszliśmy przez każdy poziom ochrony mobilnej — od ustawień ekranu blokady, przez szyfrowane wiadomości, aż po kontrolę uprawnień aplikacji i rozpoznawanie spyware oraz zdalnych zagrożeń. Teraz rozumiesz, że zagrożenia nie zawsze wyglądają jak zagrożenia. Często pojawiają się jako wygoda, darmowe aplikacje lub domyślne ustawienia pozostawione bez zmian.

Rozumiesz również, że celem bezpieczeństwa nie jest tworzenie strachu czy paranoi — lecz wolności. Kiedy przejmujesz kontrolę nad swoim urządzeniem, danymi i cyfrowymi nawykami, poruszasz się po świecie z większą pewnością, świadomością i spokojem.

Nauczyłeś się, jak:

— zabezpieczyć telefon poprzez odpowiednie ustawienia
— wybierać właściwe narzędzia do prywatnej komunikacji
— chronić zdjęcia, pliki i dane w chmurze
— identyfikować i usuwać złośliwe aplikacje
— przygotować się na sytuacje awaryjne, takie jak kradzież lub utrata urządzenia
— prowadzić rodzinę i dzieci w bezpiecznym korzystaniu z technologii
— wyprzedzać przyszłe zagrożenia dzięki odpowiednim nawykom i wiedzy

Co najważniejsze, nauczyłeś się, że bezpieczeństwo nie jest celem — to praktyka. Będziesz musiał regularnie wracać do ustawień, aktualizować narzędzia i uczyć się na nowo wraz z rozwojem technologii. To, co dziś jest bezpieczne, jutro może już takie nie być. Jednak z odpowiednim podejściem będziesz gotowy się dostosować i działać świadomie.

Seria Cyber Shield Academy powstała właśnie po to — aby pomóc Ci budować prawdziwą świadomość cyfrową w świecie pełnym rozproszenia, manipulacji i ukrytej inwigilacji.

Dziękujemy za poświęcenie czasu na zdobycie tej wiedzy. Jeśli ta książka była dla Ciebie pomocna, podziel się nią z kimś bliskim — przyjacielem, rodzicem, nastolatkiem czy współpracownikiem. Bezpieczeństwo cyfrowe dotyczy każdego z nas, a szerząc świadomość, nie tylko chronisz siebie, ale także tworzysz bezpieczniejszy świat dla innych.

Zachowaj czujność. Dbaj o prywatność. I pamiętaj: moc masz w swojej kieszeni — **ale ryzyko również. Chroń jedno i drugie.**

www.ingramcontent.com/pod-product-compliance
Lightning Source LLC
LaVergne TN
LVHW022029200926
848481LV00007B/2604

* 9 7 9 8 2 9 5 8 3 1 4 9 2 *